ÉTUDE

SUR

L'INONDATION DE DOL

ET DE

PONTLABAT sous DOL

EN 1865

Par GENÉE

SAINT-MALO

ÉMILE RENAULT, IMPRIMEUR, RUE DE DINAN, N° 4

—

1865

A VIS

—◦◦◦—

Le Syndicat des Digues et Marais de Dol se réunit en Assemblée générale une fois chaque année; durant cinq ou six heures les affaires se succèdent avec une promptitude capable de répandre le doute parmi les personnes chargées d'exécuter les décisions de l'Assemblée.

Pour sortir de cette situation, rien moins que favorable, n'est-il pas utile de préciser les points sur lesquels on veut forcer l'attention?

Pour ménager les courts instants consacrés aux affaires ordinaires, n'est-il pas avantageux de livrer d'avance un travail quelconque si l'auteur s'écarte des derniers errements?

Dans la pensée que le Syndicat peut retirer quelque profit de cette manière de procéder, je me permets d'adresser, dès ce jour, à Messieurs les Députés les remarques que j'ai faites sur l'Inondation de Dol et de Pontlabat sous Dol en 1865, ainsi que sur les moyens d'en prévenir le retour.

GENÉE.

Dol, le   *1865*

A Messieurs les Députés du Syndicat des Digues et Marais de Dol,

GENÉE, *Délégué de la ville de Dol.*

———~~~~~~~~———

MESSIEURS ET HONORÉS COLLÈGUES,

Vous connaissez les malheurs causés au pays par l'inondation de l'hiver dernier; vous vous rappelez que, pendant
l'hiver de 1864, nos marais furent submergés de manière à
porter un grand préjudice à ceux qui les exploitent; vous
n'oublierez jamais les inondations, presque permanentes,
qu'avait à supporter, il y a trente-cinq ans, la zône continue
des Marais, situés le long des côteaux du TERRAIN, depuis
Roz-sur-Couesnon jusqu'à Châteauneuf.

Les terrains de Dol et de ses environs sont renommés
pour leur incomparable fertilité. Ils forment la contrée la
plus riche de l'Ille-et-Vilaine, et même nous oserons dire
de la France entière. Ces terres proviennent d'alluvions
anciennes, conviennent aux cultures des plantes les plus pro-
ductives, soit qu'elles appartiennent aux graminées, aux
racines, aux légumineuses, ou bien aux plantes industrielles
proprement dites, comme le colza et le tabac. On comprend
combien un sol aussi fertile a de valeur vénale et de valeur

locative ; et combien les habitants du pays, propriétaires et fermiers, dont ils composent la richesse et la prospérité, s'inquiètent des mesures propres à conserver intacte une aussi précieuse conquête.

Aussi, en recherchant dans les archives historiques du pays, retrouve-t-on la formation d'un syndicat, chargé de veiller à la conservation des diverses parties de ces terrains. Il suit de cette organisation, et des mesures spéciales se coordonnant, un ensemble de travaux qui constitue la sauvegarde du pays.

Deux dangers peuvent menacer cette magnifique contrée; ces dangers peuvent provenir des eaux douces s'écoulant vers la mer, ou des eaux de la mer apportées par le flux.

Dans l'un ou dans l'autre cas, les inondations causées par les eaux douces, venant de l'intérieur des terres, ou par celles venant de la mer, peuvent rendre le sol improductif, détruire les récoltes et être la source de la ruine des propriétaires et des fermiers.

L'atteinte portée à des intérêts aussi nombreux et aussi importants constitue une calamité publique. L'État lui-même est intéressé à la prévenir parce qu'il ne peut espérer percevoir d'impôt de terrains devenus improductifs et de populations ruinées. Aussi les Administrateurs des communes de l'arrondissement et du département se sont-ils émus lorsque de tels dangers leur ont été signalés. Mais à côté des administrations des intérêts généraux proprement dits, et dont nous venons de parler, il en est une autre plus spéciale pour la conservation de ces terrains contre les inondations de toute nature. Cette administration a ses chefs spéciaux, ses agents salariés, son budget spécial, ses impôts particuliers payés par les propriétaires intéressés, en rapport avec leurs intérêts dans la conservation de ces terrains. Cette administration a donc à la fois la mission de veiller aux mesures conservatoires anciennes, de prendre, s'il le faut, de nouvelles mesures suivant les circonstances et les besoins. A part la responsabilité morale qui pèse sur les administrateurs non rétribués, il est une question d'hommes de dévouement, de confiance publique dont ils doivent se préoccuper. Quant aux agents salariés ils rentrent dans le droit commun, ce sont des mandataires rétribués et, comme tels, ils sont responsables de tous les dommages-intérêts, résultant de leurs fautes, de leur incurie, ou de leur imprudence, ou de leur négligence. S'ils invoquent la Providence dans l'accomplissement de leur mandat, ces agents sont inutiles; car il n'entre pas dans les vues de la Providence de faire que les canaux se curent d'eux-mêmes, et que les digues détériorées, sous l'action du temps ou des évènements, se reconstruisent sans le secours d'aucun travail.

Ému à la vue des derniers désastres et des plaintes trop fondées d'un grand nombre de familles victimes de l'inondation de 1865, je crois de mon devoir comme citoyen, comme membre du syndicat, de rechercher et de signaler les causes de nos malheurs publics, afin d'en conjurer le retour, et de ménager ainsi à nos propriétaires et à nos laborieux cultivateurs, si dignes d'intérêt, le germe et le fruit de leurs pénibles travaux.

Si dans le travail qui va suivre, cédant à la vivacité des regrets que me causent des malheurs qu'il eût été si facile de prévenir, je ne conserve point toujours la modération qui, pour tout autre objet, serait ma règle, que mes Collègues me le pardonnent; que les Agents eux-mêmes m'en excusent : le spectacle d'un pays que l'on aime suffoque tous les cœurs quand l'inondation met en détresse la fortune publique.

J'ai cru, Messieurs et honorés Collègues, qu'il était opportun de raviver vos souvenirs dans ce moment où, pour ma part, il m'a été donné d'apprécier les travaux qui nous

avaient favorisés pendant douze ans contre toute inondation ; j'ai cru de mon devoir de vous avertir qu'une grande
partie de ces travaux sont détruits, dégradés ou abandon-
nés. J'ajoute que si vous ne trouvez pas un remède à l'état
fâcheux dans lequel ils se trouvent, vous verrez se renou-
veler d'année en année des inondations fatales à tous les
intérêts.

L'inondation de 1865 a duré de 30 à 70 jours, suivant
le niveau des marais ; elle a commencé le 27 janvier en
PONTLABAT et n'a fini que le 8 mars ; on n'a pu reprendre les
travaux qu'au commencement d'avril.

Désirant me renfermer dans les limites du mandat qui
m'est confié par les habitants de Dol, je me propose de vous
faire connaître la marche de la dernière inondation, — les
causes auxquelles je l'attribue, — et, si j'ai le bonheur de
me bien faire comprendre, vous adopterez les moyens que
je propose pour en prévenir le retour ; — vous pourrez les
adopter avec sécurité, car ils ont été « *consacrés par le temps
et approuvés par l'opinion publique,* » depuis 1835 à 1847.

Permettez-moi, Messieurs, de me livrer auparavant à
quelques sentiments de justice et de reconnaissance envers
les magistrats qui nous ont secourus pendant la dernière
inondation.

—Lorsque le vendredi 27 janvier, à 6 heures du soir, on
sentit l'eau se déverser sur Dol des deux côtés du biez
Guyoul jusqu'aux Ilhouses et seulement du côté droit de ce
biez jusqu'à la Lavandrie ;

— Lorsque le samedi 28 janvier, on s'aperçut que personne ne pouvait s'approcher du Marché ni par la route
Impériale n° 155, ni par la route 176, sans payer un tribut,

soit en argent pour des voituriers, soit à la santé des gens que les affaires forçaient à se plonger dans l'eau jusqu'à mi-jambe pour arriver en ville ;

— Lorsqu'il parvint à la notoriété publique que les agents salariés du syndicat, dont les chefs résident à Dol même, refusaient leur présence et leur concours aux contribuables qui les appelaient pour sauvegarder : les uns, des habitations, les autres, des établissements industriels submergés ;

— Lorsque, au lieu et place des agents, on vit M. le Maire intervenir, en faveur des administrés du Syndicat, pour réparer des travaux dont la surveillance incombe directement à l'Association des Digues et Marais ;

— Lorsque, enfin, tous les propriétaires de Dol, assujétis à la taxe syndicale, connurent, d'une part, le délaissement de ceux qui sont payés pour les protéger, et, d'autre part, l'intervention généreuse de M. le Maire, qu'ils retrouvent toujours au besoin , de tous côtés s'exhala un mécontentement contre les uns et des témoignages de sympathie pour M. le Maire.

Blessé, autant que mes commettants, des rapports qui nous lient ensemble au Syndicat, nous pétitionnâmes auprès de M. le Préfet, et de ce moment nous affirmons que là, où se trouve la véritable intelligence, se trouve aussi le véritable dévouement.

Quel cas M. le Préfet fit-il de nos réclamations?

Si nous en avions jugé par la conduite de ceux qui sont spécialement institués pour ménager nos intérêts, nous n'aurions pu conserver un espoir bien réel. Mais M. le Préfet, lui, nous informe aussitôt qu'il s'intéresse à nos malheurs.

Déjà il a chargé M. l'Ingénieur hydraulique de se rendre sur les lieux pour prendre les mesures propres à prévenir le retour de *semblables désastres ;* de plus il a communiqué notre demande de dégrèvement d'impôt à M. le Directeur des Contributions directes.

Que M. le Préfet reçoive ici notre entière gratitude ; que les hommes qui, sur son avis, se sont mis en campagne pour nous venir en aide reçoivent nos plus sincères remerciements.

Inspiré, par l'opinion publique, du devoir de rendre hommage aux personnes qui nous ont donné des marques de leur bienveillance, je rentre, Messieurs les Députés, dans la question des intérêts directs attenant au mandat qui me vaut l'honneur de siéger parmi vous.

Je conviendrai d'abord qu'il y a unité de vue dans le Syndicat des Digues et Marais de Dol à l'égard des précautions à prendre contre l'invasion des eaux de grandes marées : oui, la construction d'une digue contre la mer est le point de départ du Syndicat ; sans doute le syndicat forme un tout de ce côté.

Mais en est-il ainsi du côté du TERRAIN d'où viennent les eaux douces, fluviales et pluviales ?

Non.

De ce côté le Syndicat des Digues et Marais est divisé en quatre syndicats : j'en appelle de la disposition des lieux à la disposition des travaux qui établissent cette division.

En effet, Messieurs, regardez dans l'Est, vous y reconnaîtrez un premier Syndicat, possédant ses moyens particuliers d'écoulement d'eau douce, et une séparation complète avec le Syndicat suivant ; je dis *complète*, c'est du principe qu'il s'agit ; car, en fait, la négligence de ces dernières années a facilité des communications condamnables.

Ce premier Syndicat comprend en entier la commune de Cherrueix, les marais de Saint-Georges, de Roz-sur-Couesnon, de Saint-Marcan, de Saint-Broladre, d'une partie de Baguer-Pican et d'une très-petite partie de Mont-Dol.

On nomme MARAIS BLANCS les terrains de cette contrée qui sont submersibles par l'eau douce. Ils sont desservis par des canaux qui aboutissent au biez principal, et celui-ci se rend à la mer par le biez Guyoul, à 300 mètres du Pont-d'Angoulême.

Le Syndicat des Marais blancs est séparé de celui qui le suit vers l'Ouest par le chemin de Launay-Baudoin à la Mulottais, au centre duquel se trouve le Pontdonroux, qui fut obstrué il y a trente-deux ans, afin d'intercepter la dernière communication des eaux des Marais blancs avec celles de Pontlabat.

La longueur des canaux à la charge de l'Association syndicale est ici de 39,566 mètres ; la longueur des canaux à la charge des riverains est de 32,130 mètres (1).

Le **2e Syndicat** commence au chemin du Pontdonroux, suit au nord le biez principal jusqu'au Vivier ; à l'ouest la route impériale n° 155, qui sert de digue au biez Guyoul sur une longueur de deux kilomètres ; à l'est et au midi les côteaux de Baguer-Pican et de Dol.

Ce syndicat contient, en outre, une petite enclave située entre la route impériale n° 176 et la Ceinture des Ten-

---

(1) C'est conforme aux documents fournis par l'Administration du Syndicat en 1863.

Il est véritablement étrange que le Syndicat des Marais blancs qui longe la mer sur une étendue de 8 kilomètres au moins, et dont les points les plus écartés ne sont qu'à 4 kilomètres au plus, contienne 71,696 mètres de canaux.

dières ; en descendant le biez Guyoul se trouve encore une plus petite enclave que la précédente, cette dernière contient les Ilhouses, des jardins, des maisons et des établissements industriels.

Dans le deuxième syndicat les terrains submersibles par l'eau douce se nomment le Pontlabat, c'est une plaine très-morcellée.

Le biez des Planches, avec son syphon à la mer, sert de principal débouché aux eaux de cette contrée.

La longueur des canaux à la charge de l'Association est ici de 18,613 mètres; la longueur des canaux à la charge des riverains est de 12,532 mètres.

Le **3ᵉ Syndicat** commence à la Ceinture des Tendières et se continue sur la rive gauche du biez Guyoul jusqu'à la mer : il est limité au nord par la route impériale nᵒ 155 depuis le Pont d'Angoulême jusqu'au Pont de Blanc-Essai; à l'ouest, par le biez Jean et la digue de Lillemer ; au sud, par les côteaux de Lillemer, de Roz-Landrieux et les villages de Cardequin et de Lacrochardière en Dol.

Ce syndicat comprend, en entier, les communes du Vivier, de Hirel, de La Fresnaie et en partie les Marais de Roz-Landrieux, de Lillemer, et de Mont-Dol.

Les terrains submersibles par l'eau douce se nomment La Bruyère ; ils sont peu morcellés.

Les canaux, servant à enlever les eaux de cette contrée, aboutissent d'une part à la mer par le biez Brillant, et d'autre part dans le biez Guyoul à un kilomètre du Vivier, par un pont à clapets.

La longueur des canaux à la charge de l'association est ici de 24,408 mètres.

La longueur des canaux à la charge des riverains est de 27,694 mètres.

Le 4ᵉ Syndicat commence à la digue de Lillemer, se continue le long du biez Jean jusqu'à la mer; il est limité au nord par la route impériale nº 155 depuis le pont de Blanc-Essai jusqu'au Point du Jour; à l'ouest, par les côteaux de Saint-Méloir-des-Ondes, de la Gouesnière, de Saint-Guinoux, de Saint-Père, de Châteauneuf; au midi, par les côteaux de Miniac-Morvan et de Plerguer.

Les terrains submersibles par l'eau douce se nomment la Grand'Rosière et la mare Saint-Coulban; ils sont très-peu morcellés.

Les canaux qui les dénoient aboutissent au biez Jean qui se jette à la mer au pont de Blanc-Essai.

La longueur des canaux à la charge de l'association est ici de 25,065 mètres.

La longueur des canaux à la charge des riverains est de 12,864 mètres.

───────

Ces quatre syndicats, ou si l'on veut cette division, en quatre, du syndicat des digues et marais de Dol, ont des attributions spéciales; d'un côté, ils sont chargés de recevoir les eaux fluviales qui découlent des côteaux du Terrain, chacun à son emport : de plus, ils sont munis de canaux pour débiter à la mer les eaux qui les concernent.

Les eaux pluviales et fluviales d'un Syndicat n'ont rien de commun avec celles d'un autre. Les travaux, exécutés ou surveillés par l'association générale, sont établis de telle sorte que ces eaux ne doivent se confondre sur aucun point des terrains submersibles ; elles ne doivent se rencontrer qu'à la mer ou auprès de la mer, car là elles ne peuvent causer aucune inondation, attendu que les terrains les plus rapprochés de la mer sont les plus élevés.

J'insiste sur ce point qui est trop négligé, notamment

entre les Marais Blancs et le Pontlabat, et cela au grand préjudice de ce dernier.

Non, personne n'a le droit de laisser communiquer les eaux d'un syndicat avec celles d'un autre : les digues doivent être partout insubmersibles, ou ne l'être nulle part ; ce qui serait la négation du syndicat général.

Je vous ai rappelé, Messieurs, quelle était la longueur des canaux à la charge de l'association et la longueur de ceux qui restent à la charge des riverains ; laissez-moi maintenant mettre en parallèle la quote-part d'impôt prélevé dans chaque syndicat :

1° Marais blancs : Longueur des canaux. 39,566 m.
    Impôt perçu . .   6,265 fr. 65

2° Pontlabat :   Longueur des canaux. 18,163 m.
    Impôt perçu . .   4,789 fr. 52

3° La Bruyère :   Longueur des canaux. 24,408 m.
    Impôt perçu . .   9,444 fr. 61

4° La Rosière et la Mare Saint-
    Coulban :   Longueur des canaux. 25,065 m.
    Impôt perçu , .   6,402 fr. 21

Je ne fais figurer ici que la longueur des canaux que le Syndicat se charge d'entretenir ; je laisse à chacun de vous, Messieurs, le soin de commenter les rapports existant entre les chiffres de la charge et ceux du revenu.

—————◦◦❈◦◦—————

La répartition de eaux douces dans ces quatre enclaves distinctes ne s'est pas effectuée sans recourir aux travaux d'art, et sans l'obligation de les entretenir soigneusement.

Les Ingénieurs qui en avaient ordonné ainsi autrefois, sont-ils obéis, aujourd'hui ?

C'est sur ce point que je me propose, Messieurs, d'attirer votre attention : toutefois je bornerai mes éclaircissements aux affaires locales pour lesquelles je suis envoyé ici ; c'est-à-dire, aux causes de l'inondation de Dol et de Pont-labat sous Dol.

Je commence par vous dire, Messieurs, qu'il existe un petit coin du Syndicat général que je trouve moins favorisé que tout autre ; c'est cette partie où se trouvent les maisons, les établissements industriels et quelques jardins de la LAVANDRIE : c'est cette autre partie où se trouvent les établissements industriels et les terrains des TENDIÈRES. Ce coin du Syndicat est assis sur la partie déclive du plateau de Dol, il n'est pas encore dans le Marais où les terrains sont bien plus bas ; et, chose fatale, quoique d'un niveau plus élevé, il est à chaque instant submergé, tandis que les premiers champs du Marais, qui commencent à quelques mètres de là, ne le sont jamais.

Il faut vous dire, Messieurs, que c'est en cet endroit que finit le Syndicat et que commence le service des Ponts-et-Chaussées. Savez-vous ce qu'il en résulte ?

Un véritable conflit, j'oserais presque dire : *Malheur à qui s'y trouve !*

Pour un si petit endroit, tant précieux soit-il, deux Administrations, c'est trop !

Voici un fait qui prouve qu'un tel état de choses n'est pas sans inconvénient.

Vous savez, Messieurs, que depuis deux ans le biez Guyoul et ses affluents ont été curés à vieux bords et à vieux fonds en amont de Dol; cette mesure, ordonnée par Monsieur le Préfet à la suite de plusieurs demandes, et aussi à la suite d'un entraînement salutaire vers la santé publique et vers l'amélioration du sol, cette mesure, dis-je, n'a pas laissé que d'être fatale à la ville de Dol.

Je vais en fournir la raison.

Le biez Guyoul, bien curé et remis, ainsi que ses affluents à bords neufs, apporte aujourd'hui de Landal, de la Villas-mois, de l'Angevinière, etc. etc., un volume d'eau bien plus grand, dans un temps donné, que celui qu'il apportait avant les travaux dont il a été l'objet. Moins de déperdition par l'infiltration des terres ; moins d'eau débordée dans la vallée des NATAIS.

Quand ce biez déverse quelque part, ce n'est plus que momentané; car, grâce aux nouveaux curages, les eaux rentrent facilement dans le lit qui leur est aménagé. Que la crue d'eau acquière une progression croissante dans la vallée du Guyoul, il n'en est pas moins vrai qu'elle n'arrive à son *summum* qu'au syphon des Tendières; là précisé-ment où le service des Ponts-et-Chaussées finit, pour faire place à celui du Syndicat des dignes et marais de Dol (1)

Jusqu'ici les Ponts-et-Chaussées élargissent et creusent le lit du Guyoul ; s'ils réparent un pont, ils l'agrandissent.

Le Syndicat, qui fait suite immédiate, ne pratique pas d'une manière sensible les curages à vieux bords et à vieux fonds; s'il répare un pont, ou s'il en autorise la re-construction, il le rétrécit.

Aussi le Guyoul, étant plus large à Dol qu'à la mer, mieux curé vers la source que vers son embouchure, se trouve promptement engorgé.

Tenez pour certain, Messieurs, qu'une tonne d'eau qui aurait mis dix heures pour arriver à Dol par la vallée de la

(1) Il reste néanmoins des points en litige à cette jonction, si l'on en juge par les travaux exécutés, dans ces derniers temps, sur le ruisseau des Tendières, par les Ponts-et-Chaussées.

Corbonnais et par celle de Guilloche, qui lui est opposée, arrive aujourd'hui en six heures.

Jugez de même des eaux de Landal de la Villarmbis, de l'Angevinière, etc., etc., et vous avouerez, Messieurs, que le Syndicat ne répond pas aux généreux efforts des Ponts-et-Chaussées. Les premières victimes de cette anomalie, ce sont les habitants de Dol, au centre du Syndicat : dire que les agents en chef ont fixé ici leur résidence ; que se passe-t-il donc au loin ?

Je me propose de raconter en ce moment les phases de la dernière inondation et je ne regarderai plus en amont de la juridiction du Syndicat.

Le 27 janvier, on voit tout à coup l'eau du biez Guyoul se déversant à droite et à gauche sur les jardins, dans les maisons et les établissements industriels situés entre la ceinture des Tendières et le dit biez.

La digue en terre-plein des Tendières, arrêtant l'eau déversée qui, sans elle se précipiterait dans le Syndicat de la Bruyère, la renvoie dans le Guyoul à la pointe des Ilhouses.

Cette eau déversée grossit le ruisseau des Tendières, qui déborde à son tour.

Il s'ensuit une dévastation que l'on pourrait accepter avec une certaine résignation si tous les terrains du même niveau subissaient le même sort; mais non : voilà des terrains beaucoup plus élevés que ces autres dont ils ne sont séparés que par un terre-plein ; les premiers seraient des terrains propres à construire puisqu'ils longent une route impériale; eh bien, n'est-ce pas un phénomène de voir que les terrains les plus élevés, les mieux situés com-

mercialement sont à chaque instant submergés et que les plus bas ne le sont jamais ?

En présence d'un tel contraste, l'un de mes commettants, Monsieur Pèche Saint-Paul, s'est adressé à l'Administration du Syndicat pour qu'elle avise aux moyens de prévenir le retour des inondations sur sa propriété des Tendières.

Dénoyez ma propriété, dit M. Pèche Saint-Paul, *c'est facile; ou bien cessez de la détenir dans votre association, afin que je la dénoie moi-même.*

Les eaux mal gardées dans le lit du Guyoul s'ajoutent aux eaux du ruisseau des Tendières qui est mal entretenu; la ceinture en terre-plein, s'opposant au cours naturel qui passerait dans le Syndicat de la Bruyère, force les eaux à rentrer dans le Guyoul à la pointe des Ilhouses : telles sont les causes de l'inondation du quartier des Tendières. Voyons maintenant ce qui se passe à la Lavandrie.

———————

J'ai dit que l'eau déversée sur les Tendières rentrait dans le lit du Guyoul à la pointe des Ilhouses; c'est à-dire à 300 mètres plus bas. Hélas! que n'y reste-t-elle !

Droit pour tous, justice pour tous.

Comment se fait-il que la rive gauche du biez Guyoul soit entretenue avec un soin irréprochable, qu'elle ne laisse échapper aucune goutte d'eau vers le Syndicat de la Bruyère?

Comment se fait-il, au contraire, que la rive droite s'est détériorée, abaissée, abandonnée à toutes les crues d'eau et qu'elle livre au syndicat du PONTLABAT une quantité d'eau mal gardée ?

A chacun de vous, Messieurs, de juger le fait comme il

convient, laissez-moi seulement vous en signaler une conséquence.

Vous savez déjà que la rive du Guyoul a permis un débordement considérable sur les Ilhouses, les jardins, les
établissements industriels, et les habitations de la Lavandrie ; c'est là que la présence des agents du Syndicat a été
inutilement réclamée pendant la dernière inondation ; c'est
là que Monsieur le Maire est intervenu pour faire désobstruer, par son cantonnier, le canal des Ilhouses qui est une
propriété du syndicat et qui en fait partie comme étant la
source de l'Essai de la Lavandrie, classé dans les documents de 1863 au nombre des canaux à la charge de l'Association.

Sans la désobstruction de ce canal, les eaux débordées
du Guyoul, manquant d'issue, auraient envahi toutes les
maisons de la Lavandrie et intercepté pour longtemps la
route impériale n° 155.

Outre ce fait d'une gravité incontestable en voici un
autre qui en est dérivé d'une manière non moins regret-
table : Le canal des Ilhouses est destiné à dénoyer un
hectare et demi environ de terrain enclavé, il a servi de
dégorgeoir au biez Guyoul qui ne devrait avoir, en aucune
circonstance, de communication avec lui. Que l'on juge
maintenant de la quantité d'eau fournie à l'inondation du
Pontlabat par ce canal.

A mon avis, Messieurs les Agents du Syndicat ont perdu,
pendant l'inondation dernière, une belle occasion d'être
utiles ; s'ils ne tenaient pas à se montrer sympathiques à
leurs contribuables, que ne fermaient-ils au moins les portes
de l'abreuvoir de la Lavandrie et que n'avaient-ils soin
du canal des Ilhouses ?

En voyant étanches la digue de ceinture des Tendières
et la rive gauche du Guyoul ; en voyant ce biez se déversant

sur Dol on était tenté de croire que les CHATELAINS (1) avaient reçu l'ordre d'inonder la ville, pour la défendre contre l'approche d'un conquérant.

————◦◦◦————

J'arrive à vous entretenir, Messieurs, de l'inondation de PONTLABAT : bien que cette plaine soit pour la plus grande partie située dans la commune de Mont-Dol, je ne crois pas outrepasser mon mandat en me livrant à la recherche des causes de submersion auxquelles on la laisse exposée. D'ailleurs quand la zone du marais, depuis KERCOU à la Lavandrie, sera préservée d'inondation, PONTLABAT, qui est le jardin de Dol, le sera également : les intérêts de ce côté sont absolument dolois.

Vous n'avez sans doute pas oublié, Messieurs, que le débordement du Guyoul, par la rive droite, a eu pour conséquence d'augmenter la masse d'eau qui formait l'inondation de PONTLABAT ; il me reste à vous faire connaître trois autres causes d'une importance relative, mais toutes des plus graves.

Première Cause.

J'ignore, Messieurs, quels sont les conventions passées entre le Syndicat des digues et marais de Dol, d'une part, et la Compagnie des Chemins de fer de l'Ouest, d'autre part, au sujet des moyens d'écoulement à travers la ligne ferrée entre Dol et La Gouesnière, c'est-à-dire, sur le terrain administré par le Syndicat. Mais je sais que dans

(1) Nom conservé dans les Marais de Dol aux Agents du Syndicat.

la traverse de PONTLABAT la Compagnie a fait bon marché des intérêts de nos co-associés.

En effet, Messieurs, dans cette partie basse de l'enclave, là où le commencement et la fin d'une inondation se tiennent dans les limites les plus écartées, la Compagnie du chemin de fer a élevé, sur une longueur de 1600 mètres environ, un terre-plein dans lequel elle n'a ménagé que deux aqueducs formant ensemble une capacité transversale de trois mètres.

Sur ce terrain très-morcellé au moyen de fossés creux, — sur ce terrain tourbeux à un mètre de profondeur, et bien propre par conséquent à faciliter les écoulements, qu'a-t-on laissé faire ?

Un remblai considérable dont le poids a refoulé la couche de tourbe, et intercepté dès lors toute communication qui se faisait auparavant par cette sorte d'éponge ; puis deux aqueducs, l'un de deux mètres et l'autre d'un mètre.

Les fossés creux et les canaux du Syndicat qui fonctionnaient avant les travaux du chemin de fer, — la composition physique du sol arable auraient exigé, pour équivalent, quatre exutoires au moins de deux mètres chacun d'ouverture.

Que résulte-t-il de la disproportion des moyens nouveaux d'écoulement d'avec les moyens anciens ?

Le bien triste spectacle de voir que le viaduc du CHEMIN VERT, situé entre les deux aqueducs ouverts à 800 mètres l'un de l'autre dans le remblai; de voir, dis-je, le viaduc servir, lui-même, d'aqueduc à chaque crue d'eau.

Personne ne contestera que, en pareil cas, l'interversion des rôles est si non un danger, au moins un très-grand dommage.

Deuxième Cause.

Livré à la recherche des causes qui ralentissent le débit à la mer des eaux accumulées et formant l'inondation, je suis arrivé à constater un ordre de faits oubliés ou méconnus.

Croiriez-vous, Messieurs, que le plus grand nombre de gouttes ou dalots que le Syndicat avait fait construire autrefois à grands frais ne fonctionne plus ou fonctionne à rebours des projets? Croiriez-vous que ces travaux d'art, ingénieusement placés, sont aujourd'hui obstrués ou dégradés et que les canaux, y aboutissant, n'ont plus, faute de curage, la pente artificielle qu'on leur avait donnée autrefois?

On ne peut visiter les Marais du Nord-Est de Mont-Dol sans ressentir de l'affliction à la vue des chemins pourris par les eaux croupissantes et notamment à droite et à gauche des points où ils sont percés d'une goutte, confiée à la vigilance du Syndicat.

Ceux qui connaissent les gouttes des Essais de Villecoq à Lormellet, — de la Ville-ès-Chiens à la Masse (1), — de la Haie de Kercou, — de la Croix-aux-Herbes, — etc., etc., sont tout prêts à prononcer le mot : **INCURIE**.

Quiconque a vu les nappes d'eau traverser les chemins et suivre la pente naturelle, comme si nos devanciers n'avaient rien préparé pour les faire s'en aller rapidement vers la mer, dira, comme moi, que les règles les plus simples de l'hydraulique ont perdu toute application dans ce marais.

Je n'aime pas, Messieurs, entrer en lice avec des arguments décisifs, puisés dans un ordre de faits dont les résultats ont été avantageux aussi longtemps que ces faits ont duré; car je me mets dans le tort de causer du déplaisir à tous

(1) Cet essai n'est pas indiqué nominativement dans le tableau fourni en 1863.

ceux qui s'en sont écartés. Attiré cependant dans l'alter-
native de sacrifier l'intérêt des administrés ou le repos des
Administrateurs, je n'hésite pas d'être en faveur de ceux
qui paient contre ceux qui sont payés.

Oui, Messieurs, les eaux du Bout-du-Chemin, de la
Grand'ville, du Petit-Frouvil, du Pont-Léchard, de la Bardoullière, du Vivret, etc., etc., qui n'auraient pour se
rendre à la mer par la goutte des Masses que trois kilomètres au plus, s'en viennent par la Ville-ès-Chiens et
Villecoq, en aval du Pontdonroux, dans la Vieille-Banche
qui les conduit au Pontrouge-sous-Dol; pour s'en retourner
ensuite à la mer par le canal des Planches, en passant ainsi
à quelques centaines de mètres de leur source.

En d'autres termes, ces eaux parcourent un cercle de
13 kilomètres au moins, au lieu de suivre une ligne de 3 kilomètres au plus par des tracés qu'elles ont fréquentés
autrefois.

Troisième Cause.

Je suis arrivé, Messieurs, à un endroit très-vulnérable;
on y a appliqué quelquefois des emplâtres, mais on n'a
pas obtenu de cicatrice depuis plus de quinze ans : laissez-
moi vous montrer cette plaie chronique.

Personne n'ignore que les eaux du Syndicat des Marais
blancs ne doivent jamais communiquer avec celles du Syndicat du Pontlabat : pas plus que celles de la Rosière et de
la Mare Saint-Coulban ne doivent communiquer avec celles
de la Bruyère. Il suffit, pour se convaincre de cette néces-
sité, d'examiner les lieux : en effet, l'habile ingénieur,
auquel vous confiâtes, il y a trente-deux ans, le soin de
dénoyer Pontlabat, fit obstruer le Pontdonroux, afin d'intercepter toute communication des eaux du Biez principal avec
celles de la Vieille-Banche.

Est-ce que ses vues n'étaient pas assez précises? Se trouverait-il quelqu'un à dire que l'eau, ne passant plus sous le pont, doit se ménager un libre cours sur le chemin?

Si le chemin de Launay-Baudoin à la Mulottais ne devait pas servir de digue, pourquoi les savants ingénieurs ne le perçaient-ils pas de gouttes et de ponceaux?

Loin de là, Messieurs, il n'y avait qu'un seul pont, ils l'ont transformé en terre-plein, il y a trente-deux ans.

Alors le service était neuf, les plans bien conçus ont fonctionné pendant douze ans, à la satisfaction générale. Tous les agents du Syndicat affirmaient alors que Pontlabat ne noierait plus ; la propriété doubla de valeur et la santé des habitants y gagna d'une manière incalculable.

Combien les évènements nouveaux sont en désaccord avec le langage ancien !

Si aux terrains les plus fertiles s'enchaîne le sort d'être meubles et profondément perméables; si les alluvions marines, qui constituent le Syndicat, réunissent, plus que partout ailleurs, ces précieuses qualités; avouons, Messieurs, que là aussi les travaux d'art exigent l'attention la plus soutenue pendant la construction et dans l'entretien futur.

Je regrette d'en parler encore, mais j'insiste à cause du devoir que je me suis imposé : nulle part dans les marais l'entretien des travaux n'a été plus négligé que dans la partie qui sépare les Marais blancs d'avec la commune de Mont-Dol, et par conséquent d'avec le Pontlabat qui est la partie la plus déclive de cette commune.

Je ne puis cependant supposer qu'un objectif plus rayonnant ait motivé des soins spéciaux dans l'Est au préjudice de Dol. Quoi qu'il en soit, personne ne contestera que pendant l'hiver dernier l'eau s'est déversée, par six endroits, sur le chemin de Launay-Baudoin à la Mulottais et qu'elle a formé les trois quarts de l'inondation du Pontlabat.

Interrogez, Messieurs, les habitants du Gué-Landry et ceux de la Basse-Roche, chacun vous dira que l'eau passait à son endroit comme un torrent. Voyez les dégradations de la rive gauche de la Vieillebanche entre le Pontdonroux et les Murailles, et demandez quelle quantité d'eau s'est déversée de ce côté.

Invoquerait-on auprès de vous, Messieurs, la force majeure (*on n'invoquera pas, cette année, la fonte des neiges*), la coïncidence de la pluie et d'une grande marée et d'autres causes banales ?

Je rappellerais que de 1835 à 1847 ces mêmes causes ont dû se faire sentir et que cependant les inondations avaient cessé à la suite de travaux neufs et bien conçus. Convenons, au contraire, qu'au lieu de la force majeure c'est la force d'inertie qui a préparé le retour des calamiteuses et périodiques inondations qui précédaient 1832.

Je vous ai fait part, Messieurs, de ma conviction sur les causes d'inondation de DOL et de PONTLABAT, sous Dol ; vous devinez, comme moi, quel remède il convient d'y apporter.

Au risque, néanmoins, de commettre des lenteurs, je rappelerai un à un les points sur lesquels je me suis appesanti.

Qu'ai-je à demander d'abord ?

La plus modeste application des lois de l'hydraulique, au sujet du biez Guyoul.

Lorsque, autrefois, on força ce biez à suivre une autre direction que celle qu'il aurait prise naturellement, il fallut bien lui opposer des digues. Eh bien, puisqu'il déborde des deux côtés jusqu'aux Tendières, par suite de l'abaissement ou de la dégradation de ses rives, qu'elles soient réparées, c'est le devoir. — Puisqu'il sort de son lit, par la rive droite, sur la Lavandrie, que cette rive soit relevée et affermie. — Puisque le canal des Ilhouses s'obstrue, faute de surveillance, qu'il soit dégagé à l'avenir. — Puisqu'il déverse ses eaux par l'abreuvoir de la Lavandrie, que les portes y soient placées à temps, c'est prévu.

Je n'aperçois, dans ceci, rien de saillant, si ce n'est d'être obligé d'en faire mention.

Quant à l'obstacle créé par le remblai du chemin de fer, à l'écoulement des eaux du Pontlabat, je m'arrête devant le fait ; j'en laisse la responsabilité à qui de droit.

Qu'ai-je à demander ensuite ?

Que l'eau de toutes les parties nord-est de Mont-Dol ne viennent plus en Pontlabat ; qu'elle s'en aille droit à la mer par la goutte des Masses, ou autres gouttes anciennement établies ; qu'elle soit guidée sur un parcours de trois kilomètres au plus au lieu de la laisser en parcourir treize au moins.

N'allez pas croire, Messieurs, que cette demande touche à quelque innovation : celui qui se donnera la peine d'étudier l'œuvre de nos devanciers reconnaîtra, d'après leurs travaux qui, tout détériorés qu'ils sont, s'aperçoivent encore nettement ; reconnaîtra, dis-je, qu'ils pratiquaient, mieux qu'en ces derniers temps, les règles de l'hydraulique. Ils les appliquaient avec économie et justesse dans l'enclave des Marais. Leurs moyens ne s'étendaient pas, à la vérité, comme aujourd'hui, aux grandes plaines inhabitées et peu fertiles, mais ils n'en étaient que plus soigneux des travaux profitables aux villages les plus populeux et aux terrains les plus productifs.

D'après cela, Messieurs, vous ne serez plus surpris d'apprendre que, du côté de la Grand'Ville, du Bout-du-Chemin, du Petit-Frouvil, de la Bardoullière, du Pont Lechard, du Vivret, etc. etc., un système de dénoiement complet fut suivi anciennement, et que les travaux d'art fonctionneraient encore s'ils n'étaient obstrués et si les canaux étaient curés et réglés sur la pente qui leur fut donnée jadis.

Quoi donc de plus légitime que de remettre en vigueur un système aussi simple qu'efficace ? Curer les canaux, désobstruer les gouttes, régler la pente sur les gouttes des Masses et de Jean Robert, c'est abréger de quatre fois au moins la durée des écoulements d'une grande superficie territoriale :

Qu'ai-je à demander enfin ?

Rien de nouveau, — tout est prévu, — tout le système a fonctionné à la satisfaction publique pendant douze ans ; s'il ne fonctionne plus aujourd'hui, c'est de la faute de ceux qui avaient la mission de le continuer.

Je demande que les eaux des Marais Blancs soient contenues dans les canaux qui ont été spécialement préparés pour elles, et que, à l'avenir, comme dans la période de 1835 à 1847, elles ne puissent jamais se déverser en Pontlabat.

Ce n'est pas d'exigence, mais de droit qu'il s'agit. Y a-t-il autre chose que de la justice à demander l'application d'une mesure dont l'ancienneté n'a pas amoindri l'urgence ?

Comment répondrait-on à celui qui demanderait l'abolition de la digue de Ceinture des Tendières ?

Par une fin de non-recevoir, sans doute, basée sur les mêmes motifs qui s'opposeraient à livrer à l'abandon la digue de Lillemer et la Levée des Perches.

Eh bien, si le Syndicat entretient scrupuleusement ces dernières, pourquoi néglige-t-il autant celle de Launay-Baudoin à la Mulottais ?

En vérité, Messieurs, la raison refuse d'admettre que l'Ingénieur qui, à votre appel, avait trouvé la formule du denoiement du Pontlabat, eût pu supposer que, dans un avenir de quelques années, on négligerait de suivre son système en abandonnant sous l'eau le chemin de Launay-Baudouin à la Mulottais.

A quoi bon obstruer le Pontdonroux ?

Intercepter l'eau des marais blancs vers le Pontlabat, c'est, encore une fois, un devoir impérieux pour tout agent qui connait les projets du dénoiement de cette plaine ; ne les connût-il pas que la simple inspection de Pontdonroux lui dicterait l'obligation d'entretenir le chemin de Launay-Baudoin à la Mulottais de telle sorte que l'eau ne le puisse traverser ni dessus, ni dessous.

La division des Marais, en quatre Syndicats, pour pratiquer l'écoulement des eaux fluviales et pluviales, est pas l'effet d'une conception de fantaisie ou de partialité ; je ne sache pas, quant à moi, que dans l'état actuel des connaissances hydrauliques, d'une part, et de la diversité des intérêts attachés à la propriété des marais, d'autre part, il soit possible de procéder autrement contre le retour des inondations.

A chaque Syndicat sa part dans des eaux dérivant du TERRAIN ; à chacun ses moyens de les débiter à la mer.

Toute autre organisation exigerait des vues d'ensemble, qui finalement seraient plus économiques, mais seraient certainement d'une exécution impossible sous le régime du Syndicat actuel.

L'intervention d'Ingénieurs, et le recours à des voies et moyens exceptionnels, pour se livrer à une opération largement conçue, rencontrerait au sein du Syndicat un antagonisme d'intérêts financiers impossible à concilier.

Rentrant dans la question spéciale que j'ai tenu à vous soumettre, Messieurs, je renouvelle catégoriquement les propositions indispensables au dénoîement du Pontlabat :

1° Relever et affermir les rives du Guyoul.

2° Remettre en jeu les canaux, les gouttes et les ponceaux de la partie Nord-Est de Mont-Dol.

3° Relever le chemin de Launay-Baudouin à la Mulottais sur tous les points où il peut livrer passage aux eaux du Syndicat des Marais blancs, et relever la rive gauche de la Vieille Banche entre le Pontdonroux et les murailles.

Pour cela, Messieurs, je crains que vous ne vous soyiez laissés aller au souci de la dépense et que, en vue d'être économes, vous n'ayiez déjà conçu de la défiance avant d'adopter les mesures que j'ai l'honneur de vous proposer.

Ne craignez rien, Messieurs, car je partagerais avant tout votre louable inquiétude, et je renfermerais ma pensée dans un carton plutôt que de demander aux contribuables un centime de plus qu'à l'ordinaire.

Non, rien de plus pour le moment et sans doute beaucoup moins pour l'avenir.

Je ne demande qu'une exacte répartition du reliquat de l'imposition, après avoir assuré le service commun du syndicat général ; et je dis :

Prenez dans le Budget de 26,902 fr. 20 (celui de 1863) 14,902 fr. 20 pour faire face aux dépenses de la communauté, c'est-à-dire pour :

1° Continuer la digue contre la mer et la réparer.

2° Les frais de confection de la matrice des rôles — les remises aux percepteurs.

3° Le traitement des employés.

4° Le dévasement des ponts à la mer et l'entretien des travaux qui les concernent.

5° Les frais généraux d'Administration.

Donnez ensuite à chacun des quatre syndicats, pour administrer ses eaux douces, le marc le franc de 12,000 francs qui forment l'excédant de la dépense commune.

Il en résultera que le Syndicat du Pontlabat, à l'étude duquel j'ai consacré ce travail, disposera de la somme de 2,136 fr. 41 c.

C'est justice, Messieurs, j'ajoute, c'est suffisant ; la pratique ne démentirait pas ces prévisions.

Je termine en formant des vœux bien sincères pour la prospérité des Marais de Dol, mais, d'après ce que vous avez vu, Messieurs, pendant les deux hivers derniers, vous devez être convaincus qu'ils se trouvent dans une phase critique, et qu'ils ont besoin de toute votre attention.

Toutefois dans les marais, comme ailleurs, il semble juste de dire que le malheur est bon à quelque chose.

Depuis les désastres qui ont provoqué l'étude à laquelle je me suis attaché, par le sentiment du devoir, que tout citoyen dévoué à son pays puise dans son dévouement, comme par celui du devoir plus étroitement imposé par mes fonctions, les agents du Syndicat ont essayé, je ne dirai pas d'en prévenir, mais d'en modérer le retour.

Aidons-nous, Messieurs, les conseils de chacun de nous ne manquent pas d'importance; les fonctionnaires que nous réveillons manqueront-ils leur but ! L'avenir le dira.

Tandis que le Chef de l'Etat s'efforce, loin de la métropole, à étudier, sur les lieux mêmes, les moyens d'assurer la prospérité d'une terre étrangère conquise par les armées sur l'ennemi de la France, et d'en assurer la jouissance paisible à de nouveaux colons, n'oublions pas qu'ici, sous nos yeux, sans avoir à traverser les mers, sans même nous arracher à nos autres affaires, nous avons dans l'expérience du passé des indications utiles, n'oublions pas que les hommes de l'art nous ont tracé notre marche, que le chef de l'administration départementale nous donne son concours, et qu'il ne dépend que de notre activité et de notre volonté de conserver aux propriétaires et aux cultivateurs de cette contrée le fruit d'une conquête pacifique, la jouissance paisible et assurée du sol le plus fertile de l'Empire.

Saint-Malo. — Imprimerie RENAULT.

www.ingramcontent.com/pod-product-compliance
Lightning Source LLC
Chambersburg PA
CBHW060813280326
41934CB00010B/2675